U0100532

冠軍之路

champion

從入門到高手綜合格鬥教程

主編◎王冠　張碩

副主編◎王森馳　曾澤坤　轟江　榮俊龍

內容簡介

　　此書主要以介紹綜合格鬥技術以及相關知識理論為主，分別以站立技術、籠邊近身纏鬥技術和地面技術為主要核心，獨有的戰術實戰復盤，打破常規以往的教學體系。

　　作者親自上陣講解實戰中的一招一式，別樹一幟的教學方式希望能給讀者帶來更好的教學體驗。作者以自身成長經歷為例子，向廣大讀者傳達了體育精神的真諦。

　　本書以全彩圖解的方式，全方位介紹綜合格鬥，是體育愛好者的不二之選。

序 一

　　王冠是2002年由遼寧體育學校散打隊賈玲玲老師輸送到西安體育學院散打隊的，在西安體育學院散打隊跟著我練習散打，曾獲全國散打錦標賽第五名。

　　2007年我們西安體育學院散打隊開始與畢思安先生合作參加綜合格鬥比賽，從那時起王冠也開始參加綜合格鬥訓練。當時參加比賽的主要是張鐵泉、戴雙海、傲海林、寶力高等一些老隊員。這些老隊員畢業後，楊宇春、王冠、奧特根巴特便正式開始挑起西安體育學院的大樑。王冠的身體條件在隊裡並不算突出，他最大的優點是堅持，是執著！他當運動員期間碰到的挫折和失敗很多，很多和他一起來的人都改行離隊了，而他卻一直在堅持！直到現在，他站在了國內同行的巔峰！他的書將會給大家帶來啓迪。

趙學軍

序 二

認識王冠有很多年了，從《武林風》的擂臺到《勇士的榮耀》的賽場，再到 UFC 的八角籠。我眼中的王冠是一個學院系的運動員，師出名門，從始至終都保持著莘莘學子的好學、謙虛、不驕不躁的風格。

王冠似乎對賽場上的每一招、生活中的每一步都充滿了自信和規劃。所以無論在什麼地方，他都是一個令人放心的兄弟，一個值得信賴的夥伴。

王冠的搏擊技術從散打到踢拳再到綜合格鬥，一直在不斷升級的路上，每個技術階段都能夠佔據頂峰的位置。他是我見過的技術升級最快的運動員。

王冠的這本書，凝結了他這些年來的訓練和比賽心得，也是一名傑出的運動員難得的成長歷程和體會。希望這本書能夠給有志於投身這個行業的朋友以啟蒙和動力，給正在賽場奮力拼搏的朋友以啟發和解惑。

在中國綜合實力不斷增長的今天，這個民族需要更多像王冠這樣代表著勤奮、榮耀等正能量的榜樣，需要更多能夠體現國家意志的個體和偶像。願這本書，可以影響更多的人。

郭晨冬

推薦序

　　數月前，王冠發來他的書稿，要我讀後提出一些意見並作序。雖雜事纏身，但偶有閒暇時，我總會擠些時間讀上幾章，不知不覺已兩度深看，想來可以勉強做個回復了。

　　書中幾乎囊括了王冠的生平所學，有機地將泰拳、散打、自由搏擊甚至巴西柔術等包羅萬象的技巧進行詳細闡述，讓我這個外行人看來也是大飽眼福，遐想起武俠小說中的諸多快意恩仇的武林場面。在我看來，這本書無論對業餘愛好者還是專業研究者來說，都是一部上乘的教科書，不可錯過。

　　宋詩有云：「久旱逢甘雨，他鄉遇故知。洞房花燭夜，金榜題名時。」此四言在我和王冠交往的幾年中都一一所見，一代冠軍十數載磨劍，金榜奪魁，名震天下，又在數月前與心上人喜結連理，傳為佳話。我與王冠，相交甚久，知之頗深，也有幸目睹了他決戰上海灘一舉奪魁的光輝歷程，常想起少年劉邦讚秦皇之「大丈夫當如是也！」。

　　承蒙厚愛，借此機會談點感言，算是對王冠先生武

德和抱負的一番敬重和答謝。與王冠初見應是2014 年前後，現在想起來仍然覺得驚異。在我的思維中，凡武者，總有種粗獷奔放的儀表和氣質，而和王冠幾番接觸之後，他溫潤如玉、翩翩君子之風與我心中的武林人士已相去甚遠。交流中，王冠「止戈爲武」的見解，很是讓我回味。

今天，在人們多開始計較實戰的技法和勝敗時，對中國傳統武術與西方格鬥比較的諸多話題，王冠有著自己獨到的見解，他曾說：「中國武術離不開一個『儒』字。學武，一爲強身健體，爲國家、社會多做些有益之事，二爲能化解些不測禍事，保民平安。西方格鬥追求身體極限，講究實效實用，與西方英雄主義文化有關係。我們這代人，既要延續老祖宗留下的武德文化，又要學習西方實用的精神，中國武術文化才能得以綿延傳承。」

在這個和平年代，有幸透過競技體育欣賞到如王冠這種純粹的激情和執著進取的毅力，實在讓我感動和享受。追憶起早先人類，原本也是依靠手足之力生存下來的群體，在肌肉組織不足以抗拒猛獸的惡劣環境下，利用智慧和工具逐漸佔據了食物鏈的頂端，而隨著科技時代的進步，我們大多數人已退化了求生的意志和本有的格鬥技能。

借此，我想由衷地道謝，正是因爲還有像王冠這樣的人，以血肉之軀從事格鬥體育的鐵血漢子，保留了我們對祖先的追憶和敬仰，我們能看到人類曾經像今天播

臺中破釜沉舟的鬥士一樣，一次次展現著超人的毅力和一往無前的勇氣，推動著人類社會的進步，也看到了我們這個民族因為有這些鐵骨錚錚的漢子，曾在無數次浩劫中重生。

希望每位讀到這部書的朋友，在學習王冠多樣武技的同時，亦能領略其不黷武恃強的高貴品格。正是這種武德精神，承載著我們這個民族的包容進步，矢志不渝地走到今天，並且依然不忘初心堅定地走下去。

去年王冠榮耀簽約UFC，首戰便大放異彩擊潰卡薩雷斯，此役當時我也在現場，過程和結果都很讓人振奮，也祝願王冠的職業生涯能再創輝煌，佳訊頻傳。最後，借宋代大學問家張載的「橫渠四句」寄予王冠：「為天地立心，為生民立命，為往聖繼絕學，為萬世開太平！」

聖盈信集團董事局主席

林建欣

目錄

我的路

我的路

一、夢的開始

1986 年 3 月 14 日是一個平凡得不能再平凡的日子，當時大地還未復甦，天氣依舊寒冷，但我的家中卻異常熱鬧、溫暖。是的，這一天，我出生在了遼寧省北票市一個普通工人家中。

和許多同齡小孩的童年一樣，我的童年也是在調皮、打鬧、不安分中度過的，用我父母的話來說，唯一不同之處就是我「太瘋狂」。

一次，姑姑來我家，我非要鬧著和姑姑出去逛，父母不同意，我便直接耍起性子，父母依舊不同意。哭鬧既然不管用，我索性就將身體挺直，直直地朝後躺了下去，我的後腦勺直接重重地與水泥地面接觸，「砰」的一聲響，我的父母還有姑姑都驚呆了，沒有再想去不去逛的事，父親直接抱起我，用手捂著我正在出血的後腦勺，逕直朝醫院奔去。

不過奇怪的是，我竟然沒有害怕，反而還記得很清楚，那年，我才六歲。

童年的生活總是有趣的。在二十世紀九十年代，物質產品還遠不如現在這樣豐富，我國當時剛邁入市場經濟時代，現在的互聯網、人工智慧等高科技當時根本沒聽說過，但我每天依舊過得充實且快樂，與小夥伴們一起嚮往少林功夫，希望練就絕世武功。

我現在依然還記得，1997 年 7 月 1 日那天，萬人空

巷，所有人都在歡慶香港回到祖國的懷抱，正是從那以後，我接觸到了更多的武術電影，憧憬著成為李小龍那樣的高手，成為為國爭光的民族英雄，我的武術夢也是從那時候開始生根發芽的。

我在北票市王蘭旗小學讀五年級的時候，竟然成為了班長，不過我這個班長不是因為功課好、守紀律，反而是因為太搞蛋而得來的。那個時候，班裡淘氣的同學，就像電影中所謂的「江湖」那樣，分「門派」，由於我特別能「戰鬥」，成為了所謂的「孩子王」。

現在想起來，那個時候我那個年輕的班主任，也許是覺得我有一定的號召力才讓我當班長的吧。但是不可否認的是，在那段時間內，我的思想逐步發生了轉變，很多時候，我做事情不再僅僅依據自己的喜怒哀樂，也不再如之前那般任性。背書這件事，對我來說是真的難，我直到現在都覺得，背書比我練拳擊都難，但是我會堅持，咬著牙也會背下來，因為我知道，我要給同學們做表率。

當班長的日子是短暫的，在五年級下學期開學時，我來到了改變我一生命運的遼寧省朝陽體育學校，遇到了我的第一位貴人，我的恩師——賈玲玲老師。

賈玲玲老師同時帶武術和散打兩個隊伍，我在武術隊訓練了半年時間。

開始的時候是很苦的，畢竟武術需要很好的柔韌性，因為我剛開始正式學習武術，而僅僅是拉筋，就已令我痛苦萬分。記得為了拉筋，需要三個人「協同作戰」，兩個人分別在腿的兩邊拉，一個人在後面壓，真的是「痛

並快樂著」。

　　隨著訓練的進行，我的思想也在慢慢改變，每當看到散打隊在進行身體上的對抗訓練時，我的心裡、手中都是癢癢的。感覺武術套路不適合我的風格，卻不敢對賈玲玲老師談自己的想法，可能是年齡小的緣故吧。

　　儘管這樣，我的思緒還是一直在飄動，睡在下鋪望著頭上的床板，我在想應該怎麼跟老師說；看著牆上的海報我也在想；在食堂吃飯的時候我也在想；在鳳凰山越野跑的時候我也在想……

　　無庸置疑，在這樣的狀態中，我的武術訓練也有點鬆懈。所以很快我就做出決定，這樣肯定不是辦法，我覺得以套路形式為主的訓練並不適合我的風格，我更喜歡積極主動的競技運動，我感覺只有這樣，才能在戰鬥中徹底放開自我，找到自我。

　　於是我就主動與賈玲玲老師溝通，我對老師說，我是有信心練好散打的（當然了，就是放到現在，我還是敢說，我是真的有信心練好散打），她看我的身體條件和身體素質都不錯，在與我進行深入交流後，就開始安排我學習散打。依舊是每天看似乏味的訓練，依舊是每天流汗又流血，但這次我的信心十足，我覺得，我一定會闖出自己的一片天地，而這一切都源於熱愛，那年我十二歲。

二、初出茅廬

　　2000 年的時候，機會來了。遼寧省的「玉皇商城」杯賽有一場44 公斤級別的比賽，這場比賽的參賽選手本來已經是確定了的，不是我，而是隊裡另外一個隊員。平時我和他有過對抗訓練，我覺得他不一定能夠打過我，我就不服氣，這個時候，我的師姐秦力子鼓勵我，說我可以的，要有信心，想參賽就應該大膽地向賈玲玲老師提出

來，與他對抗一次，放手一搏。

於是我就去找老師，還記得，老師當時就眼睛一亮，說我年齡不大，不過難得有這麼大的信心，當場拍板，讓我和他進行對抗比賽，誰能贏，誰就去參加比賽。後來，我站在了「玉皇商城」盃賽第一名的領獎臺上，並且得到了我人生中的第一桶獎金800元。

這筆錢對當時的我來說簡直是鉅款，我用獎金給自己買了短褲、T恤，給父母報了喜訊，訓練隊的兄弟姐妹們都對我表示祝賀。那幾天，我簡直睡覺都會笑醒，當冠軍的感覺真好，現在想起來，真的是能抓住機會，才能有贏的機會。直到現在，我都很感謝我的師姐秦力子當時對我的鼓勵和信任。

在內蒙古集訓的日子，我依舊刻骨銘心！

2001年，訓練隊去內蒙古進行冬訓。當時的生活很苦，除了訓練強度大，那裡天氣還特別冷，路面全是冰，風一吹，身上就是刺骨的疼。由於特殊原因，我們三十多人，還搬了一次居住地，搬到了當地居民家的平房裡，這麼多人擠在三個小房間裡，還是用蜂窩煤取暖，過年也沒有回家。那個時候還不限制燃放煙花，當除夕夜看到滿天的煙花點亮天際的時候，我第一次開始想家……

三、結緣西安體育學院

西安體育學院是我人生中的又一個轉折點。

在2002年的時候，我來到了古都西安進行冬訓，同時也在這裡遇到了我的恩師趙學軍老師。在為期兩個月的冬訓中，我們吃飯是需要自費的，一個月是300元，住宿由學校管，如果成績好的話，還可以留在學校繼續訓練。我特別想留在學校繼續訓練，因為這是我的夢想。然而不可否認的是，留校後的每個月吃住全免費，也是有一定誘惑力的。我刻苦訓練，最終順利通過考核，留在了我夢想開始起飛的地方。

在2004年的時候，趙學軍老師帶我去參加全國錦標賽，取得了全國前16名的成績，我的伙食標準也上升到學校最高標準的600元。憑著一腔熱血，我還是一如既往地刻苦訓練，在2005年的時候，一場意外卻突然降臨到我的身上。

當時在與菲律賓國家隊的一次交流對抗賽中，對方的65公斤級選手使用了一招「夾臂摔」，我為了不輸給對手，在比賽過程中反抗了一下，因為這個反抗動作違反了動作的協調性，導致我的左肩膀重重地摔在地上，對手也同時後背著地，倒在地上。

我當時就感覺肩膀出了問題，但為了不影響接下來的正式比賽，也就沒有檢查，而是繼續參加比賽，這次的大意卻直接導致我休養了8個月。

圖為王冠訓練初期照片，僅此一張，極為珍貴。

後來去醫院檢查，是肩關節脫臼、肩胛骨骨裂，因為錯過了最佳治療時間，所以恢復起來特別慢，聽到這個消息，我的大腦一片空白，感覺天突然塌下來了。幸好手術特別成功，加上我的身體素質還可以，所以沒有落下後

遺症，不影響今後的比賽。因為我的心態好，我的夢想就是「生命不息，戰鬥不止」。

在開始恢復的階段我肯定不能參加訓練，也就是玩玩遊戲而已，但我總是覺得，只有實戰對抗，才是我最想要的。再後來，感覺自己恢復得差不多了，在趙學軍老師耐心、科學的指導下，我慢慢恢復了訓練。這一年，我順利通過了國家一級運動員的考試。

2006年，我有了新的目標。這一年，我上了大學，在西安體育學院武術系就讀。因為上了大學，開始了系統的知識學習，對散打也有了更深的認識，加上我開始和職業隊一起訓練，接觸到了更多的高手。當然了，跟著職業隊訓練，訓練強度明顯加大，我的鼻子也被經常打出血，但同時我的技術也在進步，我就開始想參加全國比賽，想在全國比賽中拿冠軍。

2007年的全國體育院校聯賽，是我在肩膀受傷以後參加的第一場全國性賽事，我做了充足的準備。

在以往的經驗中，我已深刻地體會到只有平時刻苦訓練，才能做到輕鬆比賽。（說到這裡，我也想對廣大愛好拳擊格鬥的觀眾及不懂拳擊格鬥的朋友說，其實格鬥場上的安全系數是很高的，大家看到的血腥暴力是個假象，而正常比賽，基本上是不會有什麼安全問題的，反而是在訓練中，受傷流血是經常性的。）一切都很順利，在70公斤級決賽中，我打敗了成都體育學院曾獲得全運會預賽第二名的對手。這個時候我覺得自己已經很厲害了，覺得我的前途一片光明，散打搏擊是可以實現人生價值的。

　　不過，我沒有像那些拿到冠軍的人一樣，盡情狂歡，反而是更加冷靜，因為我覺得，獲得冠軍，意味著以後會遇到更厲害的對手，並且，參加更高級的賽事的場景，也開始在我的腦海中浮現出來……

四、逆流而上，我是冠軍

2008 年的《武林風》，讓我第一次感受到，為中國而戰，是驕傲、是自豪、是我的榮幸。

之前也參加過《武林風》，成績還都不錯。在2008 年《武林風》格鬥場上，我在第一回合，僅用了23秒，就打敗了日本對手原田雄紘，當裁判舉起我的手宣告獲得我勝利的瞬間，望著父母心疼、愛憐的眼神，聽到親朋好友及觀眾的歡呼，感受著聚光燈打在身上的溫暖，想想日本選手上台時帶著武術刀、頭上綁著國旗的囂張模樣，這一刻，我是激動和幸福的。

同時，我也覺得對父母有虧欠，父母始終是擔心著我的。想起上次肩膀受傷時我沒敢對父母說我受傷的事。一次回家，半夜睡著了，蓋在身上的被子被我踢了下來，剛好肩膀做手術的痕跡被還記得我半夜愛踢被子的母親看到，我是明顯聽到了母親的哽咽聲，當時我就暗暗發誓，一定要對得起父母……

在這之後我參加了《英雄榜》的比賽，當比賽場上不再限制格鬥方式時，我覺得快速打敗對手才是我更想要的。

於是我的格鬥風格發生了變化，我的訓練方式也開始改變。我覺得，對於職業賽事來說，還是自由搏擊的訓練方式更適合我。

2008 年我在全國泰拳比賽中獲得了71 公斤級冠軍，

2009 年我獲得了亞洲武道大會的第二名，2010 年泰拳比賽，我獲得了亞洲第一名。我開始努力融合多種格鬥搏擊技巧，向更大的「武台」發展。

2010 年大學畢業，我放棄了考研的機會，在澳門參加了《武林傳奇》比賽，之後連續參加了《銳武》比賽。這一系列的比賽，讓我收穫很大。

在澳門決賽的對手還是個日本人，我們都參加了70公斤級比賽。和往常一樣，我採用了排水法來降體重，就是少吃、多喝水。在比賽的前一天，我順利通過了稱重環節，當比賽開始後，我看到對手比我壯了整整一圈。我很驚訝，不過我沒有怯場，艱難地打了三個回合，最後獲勝。賽後我才知道對手採用了科學的降重方法。在這以後，我也開始採用科學降重的方法。

　　在同年的《銳武》比賽中，我參加了66公斤級比賽，並且輕鬆贏得了冠軍。之後的《銳武》比賽，打得都比較輕鬆，隨著名聲越來越大，在一次《百萬爭霸》比賽中，感覺到所有的焦點都聚集在我這裡，我突然有點怯場，加上在上一次比賽中腳趾受傷，這次我竟然輸掉了比賽。

　　後來我意識到，我不是怕比賽，而是怕輸，怕的是自己。這就是收穫，贏得比賽要有實力、有技術、要有科學的降重方法，更要有好的心態。

　　2015 年的膝蓋受傷，對我影響很大。

　　這一年，在身體疲憊的情況下，我打了六場比賽，因為我的性格本就要強，基本上比賽、訓練都是爭分奪秒。更重要的是，我的膝蓋受傷了，這對於職業運動員來說是致命的，這相當於在告訴你，該退役了。

　　那段日子，我的心情極為沉重，想不明白老天為什麼這樣捉弄我，給了我那麼多榮譽，又突然用一盆冷水，

澆滅了我所有的夢想。我開始喝酒，不再控制自己的飲食，一度開始抑鬱。最後，我去了北京大學第三醫院，由徐燕教授親自主刀為我做手術，手術相當順利。

現在，我依然感激徐燕教授對我的關心，感謝親朋好友對我的鼓勵，感謝父母對我的信任。如果沒有他們，我肯定將頹廢下去。

更重要的是在養傷期間，我遇到了令我一生幸運的女孩，也就是我現在的妻子馬燕妮，她對我的關心、支持和信任，是支撐我可以繼續走下去的動力。

無論是我在新加坡退賽別人如何對我詆毀，還是我去美國訓練每天倒時差的聯繫，她都對我抱以信任，相信我可以成為更好的自己，相信我們一定會經受得住眼前的短暫困難。

在美國訓練的期間，因為有她的支持與鼓勵，我過得充實而快樂；在養傷期間，因為有她的照顧與包容，我始終充滿鬥志。

2016 年 9 月 17 日，《勇士的榮耀——崛起》頂級搏

擊賽事進入我的家鄉，我的父母第二次到現場觀看我比賽，我在第一回合以「斷頭台」技術降服俄羅斯悍將魯斯蘭・伊斯拉費洛夫，強勢宣告回歸，向世人證明了我能行，向外國人證明，中國的勇士依然鬥志昂揚。

五、新的挑戰

2017 年 2 月 28 日，我正式簽約 UFC。

這其實是 UFC 第二次向我拋來橄欖枝，第一次是在 2013 年《銳武》奪冠後，我覺得自己還需要磨煉，我沒有充分準備好，對我來說「不鳴則已，一鳴驚人」才是我的風格。

這次，我準備好了，準備好戰勝一切對手。

2017 年 11 月 25 日，UFC 在上海虹橋舉辦，這是 UFC 第一次進入中國大陸。

我覺得，如果能在中國大陸打敗具有「皇家李小龍」之稱的對手亞利克斯・卡薩雷斯，那麼這一定是最好的證明自己的方式。

是的，我勝利了，這讓我更加堅信，我的選擇沒有錯，我一定會將我的路走下去，哪怕過程充滿了艱難險阻，我也不會後悔。

綜合格鬥概述

為什麼要格鬥

一、為了鍛鍊

二、為了自我防衛

學習綜合格鬥的好處

一、一種可以學習遵循規則的機會

二、學會如何變得富有競爭性

三、建立起自信心

四、學會必要時如何保護自己

五、學習運動員精神

六、可以釋放壓力

七、一門人生課程

爲什麼要格鬥

爲什麼要格鬥?這個問題聽起來像是出自二十世紀八十年代的功夫片。

其實,「爲什麼要格鬥」這個問題,是一切事情的起點。老師經常會問學生「你們爲什麼想要學習格鬥?」人們嘗試綜合格鬥是有各種理由的。

在功夫片中,主人公一般習武的動機都是復仇。還記得成龍的那些老電影嗎?他的家人或者某個朋友被作惡的功夫王殺害了,接下來你就會看到,成龍跟一個仙風道骨的老人學藝,結果自己也變成了一個功夫大師。

問問自己,爲什麼要訓練?這可能是一個非常難回答的問題。我們爲了訓練付出了大量的時間和精力,並且這個過程還伴隨著傷痛和汗水,那麼究竟是什麼支撐著我們呢?

有一點可以肯定,你的初心將會決定你在這項運動中能達到的程度。

以下是人們參加綜合格鬥的各種理由,不同的理由可以影響你在這項運動中的投入程度。

一、為了鍛鍊

有些人練習綜合格鬥只是爲了體驗這種獨特的高效鍛鍊方式。因爲綜合格鬥涉及全身肌肉的協調運動，有氧運動和無氧運動交替進行，它已被無數實驗證明是最高效的燃脂運動。

想要減肥嗎？或是僅僅出於娛樂目的，想朝你的夥伴連續打幾拳嗎？

如果你抱著這樣的想法，你將喜歡這種運動的對練環節。即便你目前訓練水準不夠，教練不允許你進入對練環節，你同樣會得到大量鍛鍊。因爲綜合格鬥的基礎訓練本身就可以讓你酣暢淋漓地釋放能量，並在一次次的堅持中收穫一副更棒的身材。

可能你擔心由於時間緊迫，沒辦法保持職業選手那樣的訓練頻率。但只要你每次去訓練都用心地按訓練計劃做了，在科學的高強度訓練下，你仍然可以得到相當好的鍛鍊效果。

二、為了自我防衛

有些人想要保護自己，因此選擇了綜合格鬥。可能有一些人，他們過著體面的平凡生活，突然有一天覺得自己的生命受到了某種威脅，他們可能是遇到或是目睹了行

凶搶劫，亦或經歷了打架之類的事，體會到了恐懼和無助，想要變得更強大，從而激發了鬥志。

這也是合乎情理的，而且這種動機是一種讓你在綜合格鬥中不斷進步的好方法，它能激發你的鬥志，並且能增強你的信心。可以肯定，出於這種動機而練習綜合格鬥的人都是和平者，他們知道弱小的感受，於是就更能換位思考，不會欺凌弱者。他們所得到的力量與自信，只是想要在今後的人生中增加「闖勁兒」。

當然，人們想要學習綜合格鬥還會有很多其他原因，也可能會有自己獨特的動機，但關鍵的一點是要把握住這些動機。

學習綜合格鬥的好處

前面我們提到，綜合格鬥的訓練對人大有裨益。

比如你若是身體有些超重，那麼綜合格鬥的訓練將幫助你恢復到最佳體重。

不僅如此，綜合格鬥還有很多其他的好處，下面我們來逐一進行說明。

一、一種可以學習遵循規則的機會

練習綜合格鬥需要懂得規則，沒有規則就沒有健康、公平的競技環境和成長空間。

如果你先前對規則不甚敏感，那麼綜合格鬥的訓練將培養出你遵守規則的習慣。

要丟掉所有不切實際的幻想，我們應踏實訓練，在運動中學好規則。不遵守規則的話，就不會有多少進步。

在練習綜合格鬥時，教練會要求你遵守訓練計劃，也會要求你節食——以防超重。

綜合格鬥的訓練也將強化你的自律程度，如果你無法遵守規則，那麼無論在哪個綜合格鬥館都是混不下去的。

二、學會如何變得富有競爭性

綜合格鬥是一種競技性體育，你將學會如何與其他對手進行對抗，你甚至可能會在高水準的比賽中進行實戰對抗。

綜合格鬥的訓練將教會你如何對待比賽壓力，並且讓你明白不管比賽結果如何，總要打出最棒的自己。這些是重要的人生課程，將會幫助你走向更美好的人生。

三、建立起自信心

綜合格鬥不但可以教會我們遵守規則，而且還會極大地增強我們的自信心。學習綜合格鬥會讓我們在最困難的處境中臨危不亂。

我們在日常生活中將感到更加放鬆，處理事情時方法會更為靈活。在現實對抗中，也不會再無端地感到恐懼，綜合格鬥讓我們學會保持鎮定，不受情緒左右。

四、學會必要時如何保護自己

因為你將學會系統地利用拳擊、膝擊、肘擊或踢擊擊倒對手，所以你基本會掌握徒手格鬥的最佳方式。綜合格鬥也將教會你如何保護好自己。

注意：學會如何格鬥，跟學會如何自衛是有區別的，自衛完全是另一種不同的事情。

自衛起源於頭腦的意識，在某些訓練環節中，教練也將教你一些街頭應用技術。你將學習如何感知周圍環境，盡量避免打鬥，只在必要的時候才打，要盡量遠離麻煩，因為那些事情在多數情況下是浪費你的時間，真正的自衛是盡可能遠離危險。

五、學習運動員精神

綜合格鬥發展到今天，運動員嘩眾取寵表演技巧的時代早已結束。

綜合格鬥運動員實際上非常尊重同行的各位選手，的確也會有些運動員在場上表現得目空一切，但實質上他們只是在炒作自己。

即便是「臭名昭著」的愛爾蘭綜合格鬥運動員「嘴炮」康納・麥格雷戈以囂張而聞名，但在現實生活中他還是非常具有運動員精神的。

六、可以釋放壓力

有時候你是否感覺情緒壓抑，想要打點什麼東西呢？在一整天的勞累工作中，怒氣和煩悶是會積累起來的。而

綜合格鬥的好處是使你能找到一個安全、健康的方式來發洩負面情緒。

這是一種平衡情緒的健康方法。這樣做的優點是不會傷害任何人。一通「出氣兒」過後，你會感覺心情舒暢，在接下來的時間裡，你的頭腦會更加清晰，也會對生活充滿希望。

七、一門人生課程

綜合格鬥的課程可以應用到賽場以外的現實生活中（或者任何你要參加的比賽中）。自律、冷靜、壓力之下的優雅風度等重要品質，都將會幫助你在生活中獲得成功，這些是你在教室或實驗室裡學不到的。

綜合格鬥中的
技術流派

綜合格鬥中的技術流派

一、話說綜合格鬥

在正式學習綜合格鬥之前，你至少要瞭解一點關於主流綜合格鬥種類的知識，以便在對手使用它們的時候，你能夠知道當前所面對的是什麼樣的運動員。

沒有哪個人在其一生中可以完全掌握所有這些武術技能，但你至少可以在這些基礎上建立起自己的格鬥風格，然後把其他格鬥的一些技巧融合進去。

綜合格鬥最重要的事情在於你需要用踢踹、拳擊，以及其他打擊方法，實現良好的站立攻略。

在此基礎上，你也要學習大量的地面格鬥和纏鬥技巧。

自出現《終極格鬥冠軍賽》以來，實踐已經反覆證明，成熟的綜合格鬥運動員才是最有機會取得勝利的人。

二、巴西柔術

　　巴西柔術是一種在綜合格鬥界以外流行的武術兼打擊運動，它是日本正宗柔道的一種不同的表現形式。事實上，這種地面格鬥和纏鬥式格鬥主要起源於昭和時期著名柔道家前田光世（1878~1941 年）和其他人的柔道傳授。

　　這些訪問巴西的外籍日本人所招收的學生，包括了巴西柔術界裡一些響當當的人物，例如艾里奧‧格雷西、卡洛斯‧格雷西以及路易斯‧弗蘭卡等。現在，如果你已經涉足於綜合格鬥和巴西柔術，那就理應熟記這些大名。

　　巴西柔術的主要理念是要拉近距離，讓你的對手倒地，然後使用優勢技術打敗他。有人做過統計，大多數格鬥最終都是在地面上結束的。

　　有了這樣的認識之後，你將會看到，當綜合格鬥運動員倒地之後，身材、力量、距離，以及其他變量對於這兩個運動員來說都已經不是決定性的優勢了。在地面上，只有掌握更全面的地面技術的運動員才擁有優勢，而不是個頭大、力量強的那位。

　　在《終極格鬥冠軍賽》期間，巴西柔術變得名聲大噪。羅伊斯‧格雷西（Royce Gracie）奪得了冠軍，並一度被稱為「人間蟒蛇」。在那場比賽中，巴西柔術被證明比拳擊、自由搏擊、混合式散打更加有效。

　　羅伊斯‧格雷西是那種「皮包骨」的小伙子，但卻打敗了大塊頭的強勁對手。結果你已經知道了，那場比賽讓

巴西柔術變得名揚天下。

三、桑搏

桑搏又稱俄羅斯防身術，既是體育又是武術，桑搏的意思是「不使用任何武器的自衛」。如果你用心去觀察桑搏比賽，就會注意到，它與奧林匹克摔跤及日本柔道有許多共同點。這種武術的關鍵點在於地上運動、攻擊以及降服。

還有一種為實戰而發明的桑搏——打擊式桑搏。打擊式桑搏也會涉及踢踹、腹股溝打擊、頭撞、拳擊，以及其他多種形式的打擊，軍隊士兵學習的桑博就是這種。這種桑博也會在一些綜合格鬥比賽中被使用到，但在比賽期間，比賽規則會對某些打擊動作予以限制。

四、古典式摔跤

如果你喜歡觀看奧林匹克比賽，那你一定會熟悉古
典式摔跤。這種摔跤以使用摔倒技術、降服技術，以及地
面格鬥技術為主。注意，這與自由式摔跤有所不同，古典
式摔跤中不允許抓握腰部以下的部位，但在自由式摔跤中
則是完全允許的。

有許多綜合格鬥運動員具有摔跤背景或摔跤基礎。
當然，人們爭論過，說綜合格鬥運動員的最佳基礎就應該
是古典式摔跤，然後只
需要把打擊動作和地面
動作結合起來就行了。

這裡列舉一些綜合
格鬥界的知名摔跤手，
他們有蘭迪•庫卓、切
爾•松恩、肯恩•羅勒、
亞倫•辛普森、查得•
門德斯、瑞茜•安迪、
布洛克•萊斯納、馬克•
穆尼奧茲、喬尼•亨德
里克斯、傑克•羅肯爾
特、喬什•卡斯切克、
丹•科米爾、馬克•科
勒曼，等等。

五、拳擊

　　拳擊是一種很流行的體育運動，並且幾乎每個搏擊愛好者對其都多多少少瞭解一點。有些人可能並不看好拳擊在綜合格鬥擂台上的表現，但事實上，拳擊仍然是綜合格鬥體育項目中不可分割的一部分。

　　有人曾經說過，在綜合格鬥中所見到的拳擊尚未達到職業拳擊中的巔峰級別。的確，綜合格鬥運動員可以打拳擊，但如果真把他們跟高級拳手一起放在擂台上，那他們肯定不會有好果子吃。

　　拳擊在綜合格鬥中是重要的基礎元素之一。如果你不能建立良好的站姿（當然還包括基本拳法），那也就無從談起其他進階的戰術了。如果你對拳擊很在行，那你就擁有了一件鋒利的武器為接下來的戰術開路，可以更好地混合使用打擊和地面技術降服對手。

六、空手道

　　有些人總認為空手道在綜合格鬥中沒有位置，但巴西日裔綜合格鬥選手町田龍太在八角籠裡的表現改變了這些人的看法。空手道中的許多動作，比如蹴腿等，在綜合格鬥中都非常有用。當一個富有經驗的空手道選手在擂台上出其不意地使用某種技術時，往往具有左右戰局的效果。

七、泰拳

　　在綜合格鬥界，你會看見大量的泰拳練習者。某些真正有才能的世界級泰拳格鬥手都在這項運動中試過運氣，並在不斷的實戰檢驗中享譽世界。

　　這種武術發源於泰國，被稱作「八肢藝術」。泰拳的掃踢、膝擊、肘擊以及拳法，都具有十足的力量，是很多職業運動員選擇的主要站立系手段。

八、用哪一種武術做基礎的問題

有些人詢問哪一種武術基礎是最好的，應該這樣說：綜合格鬥中的實際武術種類，比前面提到的還要多，我們可以選擇任何一種武術來當作基礎。

也就是說，用不同的方式，可以做同樣的事情。有些綜合格鬥運動員並沒有哪種專門的武術基礎，他們會對各種武術都學一點，熟練了一種武術後，再把精力放在另一種武術上。

你可以尋找你覺得適合自己的那種武術，你也可以在不同的武館，詢問他們教的是哪些流派。但底線是，你應當選擇讓你感覺最好的武術。你也可以挑戰自己，找到一種你還沒有嘗試過的武術，並在那種武術中錘鍊自己。記住，決定權在你自己。

站立打擊技術及
各種拳法

站立打擊技術及各種拳法

　　下面是你的格鬥技能儲備庫中必備的動作，這些動作旨在讓你成為成熟的綜合格鬥運動員。現在你可以選擇關注地面攻略、巴西柔術或者其他一些武術，但不能忽略的是，成熟的綜合格鬥運動員能對賽場中可能出現的任何情況做好準備。

　　你應該至少知道如何正確地揮拳或踢擊，否則，你的作戰計劃就很容易被人預測出來。

一、刺拳

　　刺拳是拳擊中基本的拳法之一，這是一種在所有格鬥中使用頻率最高的拳法。

　　刺拳作為一種長距離的快速拳法，有助於試探和壓制對手，保持你和對手之間的距離。

　　在賽場上，能夠控制距離的綜合格鬥運動員，往往可以決定比賽的節奏。

(1)進入格鬥站姿。不同的武術有不同的格鬥站姿，然而幾乎所有這些格鬥站姿都要求你舉起雙臂進行戒備，這也是方便你隨時出拳的位置。（一般需要把手抬高到腮部的高度以形成對下巴的良好防護）

(2)應該讓一隻腳和一隻手都朝前，朝前的手也是你要發起刺拳的手。有的武術流派喜歡將自己的強

側手後置，能讓自己將每一次重擊的力量最大
化，而有的流派則喜歡強側手前置以獲得更好的
前手刺拳壓制力和速度，這取決於教練對你的指
導。

(3)前手肘尖向下，並朝前進一步拉近距離，落地的
　同時保持重心穩定，後腳快速跟上。

(4)前腳落穩的同時靠腰腹的核心力量轉動身體，伸
　展前方手臂完成刺拳。（以上參見圖①、②）

一、刺拳　圖①

(5)應當讓食指和中指第一指關節（拳峰）與目標接觸，同時手腕微微內扣。這樣的拳頭更有穿透力，也更能保護自己的手腕。

(6)要用全身肌肉鏈條的協同發力和重心的偏移運動來發出刺拳，而不是僅僅依靠手臂的力量。

(7)在出刺拳的手發起擊拳的同時，要用另一隻手保護自己的下巴。

(8)打完之後快速回收，讓拳頭回到出拳之前的位置，不要留給對手破綻，不然他會在你伸展手臂的時候搶機會打你一拳。

一、刺拳 圖②

二、後手直拳

　　後手直拳與刺拳一樣，是直線型外圍遠距離拳法，但是威力遠遠大於刺拳。在主流打法中一般選擇把你的強側手後置，來打出最具殺傷力的一拳。比如你是右撇子，那就出右手；如果是左撇子，那就出左手。

（1）從格鬥站姿開始。重心一開始應放在中線上，後手肘部貼緊自己的肋骨，後腳腳尖點地。

（2）身體旋轉，後腿蹬地，將後腿的蹬力由腰腹的旋轉傳遞到手臂上。如果你用右手擊拳，就用右腳做支點；但如果用左手擊拳（左撇子），就用左腳做支點。這樣做的目的，是為了讓你發出的每一個擊拳都擁有最大力量。（以上參見圖①、②）

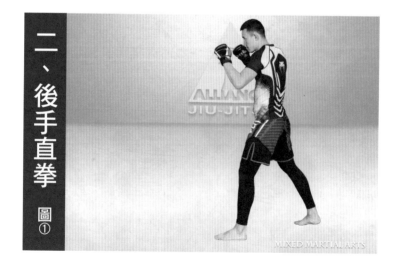

二、後手直拳 圖①

此時你會注意到，在出拳擊中目標的瞬間你的身體也打開了（從側面只能看到你的背部），要充分利用轉體蹬地的力量。

(3) 前手隨時舉起，保護好自己的頭部，出拳時後手在肩部保護自己的下巴。出拳結束後，後手儘快收回手臂，快速回到格鬥站姿，以避免遭到反擊拳或者其他還擊。

(4) 做動作的時候，注意頭不能前傾超過自己的腳尖，身體不能下趴，保持好重心，不然會給對手破綻，也會讓自己無法順利銜接之後的技術動作。

二、後手直拳 圖②

三、上勾拳

上勾拳的目標是對手的下巴。上勾拳屬於內圍拳法，即在近距離內發出的擊拳，這跟刺拳和後手直拳是有區別的。

注意：並沒有很多人訓練如何躲避這種擊拳，所以如果你能圓滿完成上勾拳，會是非常有效果的。

(1)開始進入格鬥站姿。

(2)前手上勾：左前方斜上半步，重心略微下沉並向左轉體，將身體重心左移，左側的肘部應該靠近臀部。（以上參見圖①、②）

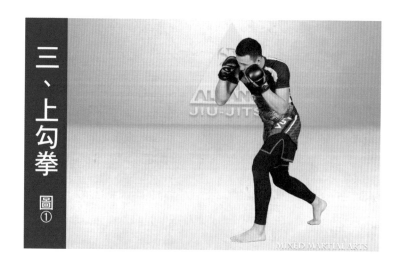

三、上勾拳 圖①

後手上勾：向右方上半步，重心略微下沉並向右轉體，將身體重心轉移到右腿上。由於後手上勾一般用於對手打出直拳之後的防守反擊，所以左肩膀要下沉，前手保護好自己的頭部。（圖③）

(3)身體向攻擊方向回轉，注意一定要先旋轉身體，等到快要擊中目標時才略微打開折疊蓄力的手臂。過早打開攻擊的手臂會讓你的攻擊路線變得冗長而緩慢。（圖④）

(4)利用轉體帶來的重心偏移，發出你的上勾拳，攻擊對手的下巴或身體。在攻擊的過程中你要始終看著對手，一定不能看地板。

三、上勾拳
圖②

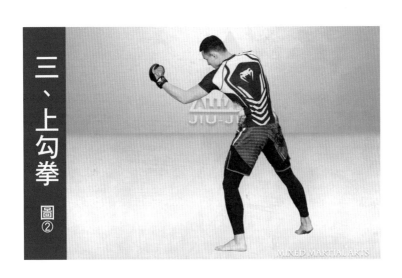

三、上勾拳 圖③

三、上勾拳 圖④

四、擺拳

　　跟上勾拳一樣，擺拳也屬於內圍拳法。擺拳是你可以發出的最有威力的擊拳，這種擊拳方式比較難，因爲這要求你以非自然角度去完成這個發力鏈條。一旦掌握了正確的發力鏈條，擺拳就可以構成眞正毀滅性的打擊。

　　下面對前手擺拳的說明是針對右手在後的正架綜合格鬥運動員的；如果你是左手在後的反架，只需左右轉換一下就行了（即右手、右腳，以及身體右側）。

(1)從格鬥站姿開始，後手貼緊身體，前手舉到眉骨高度。

(2)前手擺拳：將身體向左側移半步轉體蓄力，將重心變換到左側，可以向斜前方上半步拉近距離。
後手擺拳：向右側移動半步轉體蓄力，前手折疊保護好自己的頭部。

(3)抬起攻擊手的肘部，使其與地面或者墊子幾乎平行，大臂和小臂形成90°～120°之間的夾角。出拳時下巴要內收，藏在肩膀的保護中，另一隻手舉起，保護另一側下巴。

(4)旋轉拳頭，讓你的手掌朝向自己，而不是朝向地面。手掌朝向地面會導致小指的關節先接觸對手，很有可能造成骨折。

(5)當實施擺拳打擊的時候，應該用整個身體的旋轉

來帶動手臂，這種出拳結合了手臂的力量，並加上了身體的重量。擊拳時扭轉軀幹，並用左腳做支點，這會造成身體突然性地圍繞支點向右轉，這種助力運動會給你的擊拳帶來很大的力量。（以上參見圖①、②）

四、擺拳 圖①

四、擺拳 圖②

五、拳法基本組合

下面介紹的是一些最基本的拳法組合，你需要經過大量的訓練才能熟悉並掌握這些組合，把它們形成你的肌肉記憶，這樣你才能很自然地在實戰中憑直覺運用。

當你的訓練量達到一定程度後，甚至可以在受傷導致無法正常思考的情況下本能地做出這些組合動作。

(1)刺拳，後手直拳。

(2)刺拳，右後手直拳，左勾拳或刺拳，左後手直拳，右勾拳，這可以作爲基本系列。（圖①）

(3)上勾拳（向身體），右後手直拳，左勾拳。這種速攻是一套強有力的擊拳，可以用作制勝組合。

(4)刺拳，右後手直拳，左勾拳，右上勾拳，左上勾拳。這是另一種制勝速攻，可以把對手解決掉。記住，要用刺拳爲自己之後的一切戰術鋪路。（圖②）

五、拳法基本組合　圖①

五、拳法基本組合　圖②

六、肘擊

肘擊是許多武術的組成部分，例如泰拳、詠春拳等。下面，你將學習基本的肘擊知識，要注意，這種運動看起來像勾拳，但不是用拳頭，而是用肘部出擊。

(1)從格鬥站姿開始。

(2)抬起左肘，讓手掌朝向墊子（如果用右肘出擊，就動右肘）。

(3)肘部與肩膀等高，以保護下巴。

(4)左肘連帶軀幹向右擺動，身體右擺時以左腳爲軸，確保扭身的動作要突然，形成快速有力的打擊。

(5)如果是以右肘出擊，就把上面的動作方向變過來，用右肘、右腳，向左擺。

(6)用肘部出擊後，再擺回基本的格鬥站姿上。（以上參見圖①、②）

六、肘擊

圖①

六、肘擊

圖②

七、掃踢

　　掃踢，是一種常見的踢擊方式，一般上段掃踢用於攻擊對手頭部，下段掃踢用於攻擊對手腿部。

　　比賽中出其不意的上段掃踢是非常具有殺傷力的，下面是掃踢的具體做法。

(1)從基本格鬥站姿開始，讓前腳向前移動（正架左腳，反架右腳）。

(2)前腳尖向外旋轉45°（正架）。

(3)抬起後腿並翻胯。（以上參見圖①、②）

(4)朝左擺髖，重心下沉，用腰腹核心力量帶動大腿運動，發起掃踢。

(5)下段掃踢的打擊目標是對手腿部膝蓋後方稍微向上的位置；中高段掃踢的打擊目標是對手的頭部或者肋骨，使用腳踝稍上方的脛骨作為接觸點。

(6)掃踢完成後，要儘快恢復到格鬥站姿。

七、掃踢 圖①

七、掃踢 圖②

八、前踢

前踢也叫正蹬，一般用於攻擊對手的軀幹或頭部，實戰中往往用來控制與對手的距離，以及在對手發起攻擊時快速反擊其軀幹以打斷其發力鏈條，形成截擊的效果。

（1）從格鬥站姿開始。

（2）抬起要踢的腿，折疊彎曲膝蓋，你需要用自己的膝蓋來瞄準目標。如果你的目標是對方身體，就要用膝蓋瞄準對方的軀幹，如果你的目標是對方下巴，就要用膝蓋瞄準他的頭部。

（3）快速伸展腿部進行踢擊，身體略微後仰以獲得更大的蹬踏力，手要舉起保護頭部，接觸點應在前腳掌，這樣就能踢出更高的角度，並且有更大的穿透力。

（4）收腿並回到格鬥站姿。（以上參見圖①～④）

八、前踢 圖①

八、前踢 圖②

八、前踢

圖③

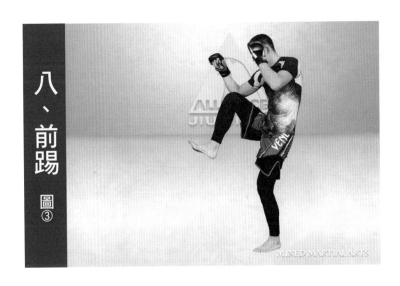

八、前踢

圖④

九、超人拳

　　超人拳是一種非常帥氣並且有欺騙性的拳法，在實戰中往往配合前踢的假動作使用。出其不意的超人拳能產生意想不到的驚人效果。

　　(1)先佯裝下段掃踢迷惑對手。
　　(2)快速收回下段掃踢的假動作，將膝蓋回收折疊爲後手拳蓄力，這是一個非常協調的發力動作。
　　(3)腿部快速後踢，同時，同側的手臂伸展打出直拳，這一拳的力量來自於蹬腿的反作用力。(以上參見圖①～④)

九、超人拳 圖②

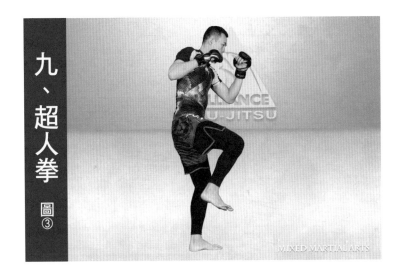

九、超人拳 圖③

九、超人拳

圖④

十、轉身背拳

　　轉身背拳是一種來自於泰拳的技術。在實戰中，這是會讓對手反應有些遲鈍的技術，因為這種拳法在訓練中很少出現，顛覆了綜合格鬥運動員對於平常拳法的應對套路。

（1）從格鬥站姿開始，前腳向右前方邁一步（正架），讓身體偏斜，為之後的旋轉做準備。

（2）身體右轉發力，等頭部轉過去看到對手時，才伸展右臂發力。伸展的時候小臂可以外旋，用尺骨的地方攻擊對手能造成更大的傷害，也能保護自己的肘部。

（3）攻擊完成後立刻恢復格鬥站姿。（以上參見圖①、②）

十、轉身背拳 圖①

十、轉身背拳 圖②

十一、轉身後蹬

運動員藉由旋轉所帶動的力量，導送到進攻的腿部，這是一種強有力的踢法，在場上往往有著一擊必殺的效果。

轉身後蹬沒有固定的套路，只要動作連貫即可，但要注意動作一定要快。

十一、轉身後蹬 圖②

十二、側踢

側踢也是一種非常實用的快速腿法，具有極強的穿透力和極快的啓動速度。

(1)以格鬥站姿站好，在前腳不動的前提下，後腳墊步，踩在前腳後側，注意後腳一定不能超過前腳。

(2)提起前腿，讓膝蓋貼近自己的胸口，然後翻胯，讓腳底面朝向對手。

(3)身體全力伸展，踢出側踢腿。

(4)恢復格鬥站姿。（以上參見圖①、②）

十二、側踢 圖①

十二、側踢 圖②

5
champion

籠邊近身纏鬥技術

籠邊近身纏鬥技術

一、纏抱
二、籠邊近身纏鬥

一、纏抱

綜合格鬥中的纏抱與拳擊中的纏抱是一樣的，但是，綜合格鬥中的纏抱還有別的目的。

在拳擊中，你會纏抱對手，以阻止對手像落雨點一樣朝你砸拳，這是一種特別有用的技術，可以在你嚴重挨打後幫助你緩口氣。

(1)纏抱時雙手交疊放在對手的後腦勺上，新手常見的錯誤是雙手放在對手頸部，這樣對手往往有足夠的力量由後仰掙脫出來，如果你的雙手放在對手的後腦勺上，由於力臂變長，對手再試圖後仰時會給自己的頸椎帶來極大的壓力，反抗就會比較困難。

(2)雙臂收緊，兩個肘尖努力向內靠攏，形成穩定控制。

在綜合格鬥中挨打後，你也可以做同樣的事情。但是，與上面提到的「以阻止對手像落雨點一樣朝你砸拳」不同的是，在綜合格鬥中，纏抱可以作爲其他戰術的先導動作。在這種對戰性的運動中，進入纏抱後，可以把對手摔倒。在纏抱時，你還可以找好位置，用膝蓋攻擊對手的軀幹，注意這時你要儘量把對手的頭向下按，以形成更大的合力。

二、籠邊近身纏鬥

　　籠邊近身纏鬥是綜合格鬥裡特有的技術，當雙方選手在籠邊纏鬥在一起時，靠近籠邊的選手往往是弱勢的一方，此時他已經退無可退，他的對手可以選擇摔倒他，或者進行拳擊、肘擊、膝擊等各種無情的打擊，由於雙方此時沒有任何距離，對打擊幾乎無法逃避。

1. 近身拳擊

右手控制對手左臂腋下以形成有效控制，右腿要放在對手兩腿之間。這時要先控制對手右拳，然後身體斜壓，令對手身體傾斜，失去穩定站姿，然後用拳頭猛擊對手。

2. 近身肘擊

近身肘擊的前半部分動作同近身拳擊一樣，控制對手腋下，在對其身體形成有效控制後，控制對手另一隻手的手腕，對手勢必要掙扎反抗，此時我們可以突然由控制轉變為平肘或者挑肘。

由於此時我們的肘尖距離對手頭部很近，往往能有效命中對手頭部。在比賽中，肘擊是非常有殺傷力的動作，經常能擊傷對手面部，給對手帶來巨大的傷害和心理壓力。

2．近身肘擊①

2．近身肘擊②

3. 近身膝擊

　　當我們把對手擠在籠邊的時候，應優先抄對手腋下來控制對手。

　　我們可以在控制住對手手臂的同時使用膝蓋撞擊對手，此時對手的軀幹、大腿或頭部都是可以攻擊的目標。

4. 雙腿摔

雙腿摔是綜合格鬥比賽中常見的摔法之一，其攻擊手段簡單有效，深受綜合格鬥運動員的喜愛。

(1) 在自己與對手都是正架時，首先需要將自己的身體重心下沉，把頭部降到和對手腹部平行的高度。

(2) 前腿向前邁一步，注意此時頭部一定要揚起來，用臉貼住對手軀幹側面。如果低頭看地面的話，很容易受到對手的斷頭台攻擊。

(3) 後腿跟上，雙手抱住對手大腿向後拉，臉部貼住對手軀幹，肩膀頂住對手向前衝，用相向的力量破壞對手重心，放倒對手。(以上參見圖①～④)

4・雙腿摔①

4・雙腿摔②

4 · 雙腿摔 ③

4 · 雙腿摔 ④

5. 防摔

防摔是一種防禦性動作，用來防止對手把你摔倒在地。其思路是降低你的重心，並把全身重量壓在對手身上。

6

champion

地面技術

地面技術

一、地面技術綜述

1. 降服前的體位

就綜合格鬥的技術核心來說，地面進攻屬於體位攻略。我們經常會聽到教練跟學生說：「先有體位，然後才有降服。」這是比較明瞭的說法，裡面表達的意思其實是：

先佔據好體位，而後才做降服；不要放棄了好的體位，糊裡糊塗地去做降服，並且新學員首先應該集中精力學好體位技能。

「做降服前先佔位」是一句忠告，先瞭解主要體位，然後琢磨在各種體位上如何運用降服技術才會最有效，而不是先學一大堆炫酷的降服動作，然後才去琢磨在何時何處去使用。

的確，你可以從劣勢的下位做一點兒鎖喉（絞）、鎖臂、鎖腿的動作，但這些並不是總能成功的。

令人遺憾的是，如果你處在劣勢體位上，那麼你能選擇的技術動作就會比你的對手少了很多，在你開始嘗試做降服的時候，對手很可能已經準備了一整套的動作來對付你。

如果你的位置不利，首先就要搶佔上位來改善位置，或者至少要逼迫對手做出防守。這兩種做法，即可有

效降低對手出擊的勝算，且能極大地增加我們可選擇的防
禦方式的數量。

2. 關於保持上位

保持上位是一個有爭議的話題，爲了充分說明其中
的分歧意見，我們以傳統巴西柔術的技術動作之一——騎
跨後的簡單十字固爲例進行思考。

在這個技術動作中，如果你能成功做出十字固，那
自然最好，比賽就會結束。但如果對手防禦並破解了十字
固，那麼通常你就會處於下位，從而陷入防守。

尋求進入十字固，意味著你將從優勢的（騎跨）體
位交換到中性的（防禦）體位。有些教練會鼓勵你嘗試做
出十字固來結束搏鬥，而另一些教練會反對這樣做，他們
認爲，損失上位的風險是不可接受的。

對於所有權衡風險和回報的嘗試來說，每個人都有
自己覺得好的地方。有些巴西柔術運動員如果認爲存在能
進行有效的降服機會，他們就會欣然放棄上位，而保守的
巴西柔術運動員會更喜歡那種即便有閃失也不至於損失上
位的降服。以上兩種情況在巴西柔術的賽場上屢見不鮮。

如果你參加的是綜合格鬥比賽，那麼你應該在打算
放棄難能可貴的上位之前，就要好好地考慮一番。

一方面，居於下位就意味著在你做防守的時候，對
手會仰仗重力，用拳頭、肘部、頭部重擊你。另一方面，

如果你是在做巴西柔術或降服式摔跤的練習，那麼落入下位的可接納性就提高了。

在巴西柔術對戰中，假如你擁有良好的防守策略，那麼落入下位還不算徹底輸掉比賽。

在巴西柔術運動員生涯的某個時間點上，當他們面臨保持上位的話題時，必須做出一種選擇。即使你決定要做一個鐵桿的上位選手，但是你仍然會有若干理由去學習和偶爾練習具有落入下位風險的降服。

首先，這可以幫助運動員進步，讓自己在爭鬥中更具優勢，因為在那樣的場合中，體位往往不是很明朗的，運動員的角色（即上位或者下位）會出現快速的變化。

其次，對手可能會反轉態勢，讓你不得不落入下位，這時，如果你習慣於這些技術動作，它們就可以讓你擊敗即將出現的失敗魔爪，從而奪取勝利。

我記得在小時候看過的一部叫《足球小將》的動畫片中有這樣一個插曲，教練為了讓主角更好地瞭解射門的技術，讓他反串做守門員的練習，同理，當你瞭解了下位的進攻原理後，同樣也能幫助你在上位進行更好的壓制。

二、地面技術解析

1. 封閉式防守

封閉式防守是防守體位中三個較大的防守類型之一，可以說是巴西柔術的入門技術。在這裡，你要嘗試用多種手抓技術來控制對手，並且要用腿來控制對手的軀幹，讓他前後動、左右動。

你的首要關注點是把握好姿勢，如果你向前栽倒或失去平衡，就會遭到多次攻擊，並且你將會很難再發起攻擊。

如果你處於下位，並且想接受打擊，那你得讓對手靠近你，使其打擊力度受限。如果他掙脫出去，建立了距離，那你就要變換爲拉開距離的開放式防守，要讓對手或近或遠，因爲多數的受傷都是在中等距離上發生的。有許多綜合格鬥運動員都是運用起身脫離封閉式防守，然後以特殊的站立技術站穩從而獲勝的。

在綜合格鬥比賽中，雙方由於經歷了酣暢淋漓的搏鬥，汗水會讓雙方的皮膚如同泥鰍般滑溜，很多時候在下位的選手想做木村鎖、十字固等動作，都會比在有道服的搏鬥中困難數倍。而上位選手擁有天然的打擊優勢，在上位對下位的擊打會是個不錯的選擇。

1.
封閉式防守

2. 開放式防守

開放式防守包含了範圍非常廣泛的一些防守體位，不同形式的開放式防守的共同點在於你的腿是否封閉纏繞在對手軀幹上。

開放式防守的控制是用你的腳推、拉、勾對手的四肢和軀幹而實現的。這種防守要比封閉式防守更加富於變化，佔位步伐更快，同時它也要求下位選手不斷調整腿和臀部的位置。

在綜合格鬥比賽中，上位選手不會像柔術練習者那樣在第一時間尋求機會拿到更好的位置部署降服，他們通常會選擇在上位持續擊打下位的對手，以謀求實現擊倒或迫使對手讓自己部署更好的位置。

2・開放式防守 ①

2・開放式防守 ②

3. 半防守

　　半防守是這樣一種體位 ：對手已經在穿越防守的半途中，而你在用腿控制他的一條腿。這在巴西柔術中，通常被認爲是非常脆弱的體位。但是，隨著技術的演化，新的技術和戰略被逐漸普及，使得半防守成爲一種威力強大的體位，並獲得了應有的重視。

　　半防守用於攻擊時，你可以抵達對手的臀部下方，干擾其重心，使其處於掃技和攻擊的不斷威脅之中。不過在綜合格鬥比賽中，上位選手可以對下位選手進行瘋狂的砸擊，試想一下當你想做一個半防守的動作時，對手的拳頭如雨點般地向你頭部砸過來，至少從某種角度上說，選擇下位半防守在綜合格鬥中不是一個明智之舉。

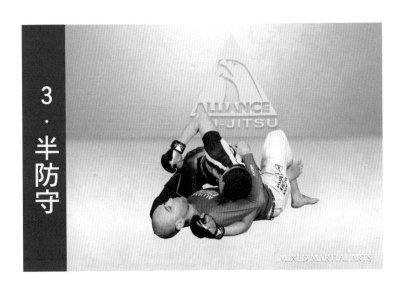

4. 浮固

浮固，也叫「膝蓋頂肚皮」，是一種會讓對手痛苦的體位，因爲你的所有重量都由膝蓋壓在他身上了，對手會很疼痛，從而導致他難以呼吸。此外，在地面打鬥中，浮固會使上位選手獲得最強的攻擊體位。

所以這種體位是攻擊防守能力強的對手的絕佳方式，因爲他在應對你的膝蓋時，經常會被迫給出攻擊距離。此時你可以用旋轉十字固攻擊，也可以用膝蓋臨時制約對手，把他按住，直到你移動到了別的位置上。

你可以根據具體情況，將自己的膝蓋或脛骨壓在對手的肚皮上、小腹上或者胸口上。你的另外一隻腳必須懸空、自由，以便能夠根據被壓住的人的動作來調整。你的大多數體重都必須由對手來承擔，而不是由自己的腳來承擔。

如果你處於浮固下位，那麼你的目標是逃脫該體位，但不能暴露手臂而遭受關節鎖技，或者暴露脖子而遭受絞技。

在綜合格鬥中擁有浮固上位的選手幾乎等於擁有了無限的攻擊權。

4・浮固①

4・浮固②

4・浮固③

4・浮固④

5. 烏龜體位

一般來說，烏龜體位並不是你想要採取的，除非你在上位。

如果你落到下位去了（例如在失敗的掀翻嘗試之後），你會很容易遭到絞技、鎖臂，以及被抓後背（這會使對手進入後騎跨體位）。

在綜合格鬥賽事或自我防守情形中，進入烏龜體位通常會招致很多打擊，包括拳頭對頭的、膝蓋對身體的，很可能還有用腳猛踢臉部的，絕對不好！

儘管有這些局限性，但採取烏龜體位仍然比被降服好。所以，有好幾項逃脫技術可以用來從烏龜體位中挺過去。在烏龜體位中，你一定要保護好自己，而且也要嘗試讓處境有變數。

不要讓對手穩定其體位並把重量施加於你；而是要設法進入其他體位，比如防守體位。

此外，如果你是烏龜體位的上位選手，那就要保持跟對手的接觸，並且確認對手在承擔你的重量，這樣可以讓對手感到疲勞，從而給你帶來攻擊機會。

5.
烏龜體位

6. 後背控制

後背控制（又稱後騎跨）被許多人視爲巴西柔術中的終極體位。你在對手的背後，運用勾夾來控制對手（腳踝不交叉）。對手看不見你在做什麼，而你卻能無限地接近其脖子。

在巴西柔術體位中，後騎跨是獨一無二的，因爲無論你和對手是面朝天花板還是面朝地板，都可以用這一招。只要你在對手身後，手臂和腿的勾夾都到位了，就被視爲處於後騎跨的體位。

一旦你掛在對手的後背上，對手就不得不一個勁兒地防備你的絞技了。作爲該體位有效性的一個證據，可以

考慮一下，有大量的綜合格鬥比賽是因為運動員在取得後騎跨體位後立刻使用了絞技而結束的，這也是自我防守的最佳體位。

但你也必須做權衡，將這些固有的優點與另一些事實做比較：需要擺脫對手時，會比從其他主導位置擺脫對手慢一些。一旦進入後騎跨體位，你可能就不得不全力以赴了，所以要儘快使用能讓比賽結束的絞技。

6. 後背控制

7. 騎乘

騎乘（騎跨）是巴西柔術中的傳統性主導體位。儘管其他武術（比如日本柔道）雖然對地面技術有一定的涉獵，但都沒有發展到巴西柔術這樣的程度。

在騎乘體位中，重力帶來的好處是屬於你的。對手

要承擔你的重量，而且只要你願意，就可以用拳頭、肘部來擊打對手。如果你做好了騎乘體位，就可以擊打對手臉部，但他卻打不到你的臉部。

在騎乘體位中，你的體重落在對手的肚子和橫膈膜上，會讓他難以喘氣。你的腳藏在側面，或者稍微放在對手的臀部下面，讓你的膝蓋往裡使勁夾，使對手動不了。作為上位的你，要預測被壓住的對手經常使用的逃脫方法，並準備好應對方法。例如，缺乏訓練的人經常會想要臥推以離開被騎乘的窘境，這給上位運動員帶來了極佳的十字固攻擊的機會。

7・騎乘①

7・騎乘②

7・騎乘③

8. 側向壓制

側向壓制這種纏鬥體位也稱為側騎乘，運動員在地上，彼此體位垂直，處於上方的運動員會使另外一個躺在地上的運動員動彈不得。

重點在上位運動員的重心一直保持在中線（胸口對胸口），上位選手可以變換浮固、南北等多個位置進行有效擊打，或者進行降服，在此位置比較多的降服有十字固、木村鎖、美國鎖、棒球絞等。

下位運動員在被控制的時候應該頭腦保持冷靜，不要亂翻、亂滾，這樣會給予對手更多的打擊機會或者部署降服的機會，應該冷靜地等待機會，把握時機逃脫。

三、綜合格鬥中常見的幾種降服技術

1. 十字固

十字固是綜合格鬥中可以使用的一種固定降服技術。做這種固定的時候，運動員將會攻擊對手的肘關節，使其朝與平時相反的方向彎曲。

大家可以去找隆達•羅西（Ronda Rousey，UFC 前任女子雛量級冠軍，UFC 史上最強「女漢子」）的一些格鬥終場鏡頭，詳細瞭解十字固是怎樣操作的，因爲她對多數對手都是使用該技術解決的。

1・十字固 ②

1・十字固 ③

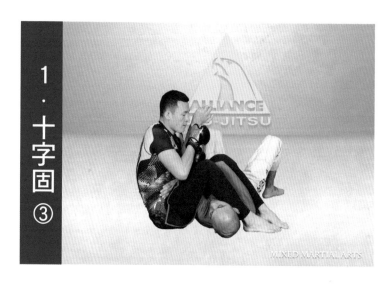

做十字固的運動員要把對手的兩條手臂放在自己的腿之間，這樣就可以讓自己的臀部作為一種支軸或者槓桿，對對手的手臂或肘關節施加更大的壓力。

十字固動作解析如下：

(1)騎乘體位時抓住對方一隻手臂。

(2)抓起對方哪隻手臂，自己哪邊的膝蓋就向前移動，直到卡住對手的肩膀。

(3)轉身，使自己跪下的那條腿的小腿與對手軀幹垂直，另一條腿的小腿立起垂直於地面。

(4)垂直於地面的腿短暫支撐住身體，另一條腿快速繞過對手的頭部。注意坐下的位置要儘可能靠近對手的肩部。

(5)雙手抱緊已經控制的手倒下，儘量使對手大拇指向上，雙腳踩地，挺胯，完成降服。

2. 三角絞

三角絞，因爲在實施降服時，兩腳相扣形成一個三角形而得名。

在實際應用中，當進攻方已經確認以三角絞固定好對手時，隨之以雙腿同時收縮發力，迫使對手頸部大動脈停止向腦部供血而產生休克。

三角絞動作解析如下：

(1)處於下位時，先控制對手的一隻手臂，然後挺胯從另一側將小腿掛上對手的脖子。

(2)用體重將對手的重心帶下來，在下落的同時將剛才控制的手臂扯向自己掛腿的一側，然後抓住自己掛腿側對手的腋下，將自己的身體旋轉到與對手軀幹垂直的角度。

(3)調整好角度之後，將自己另一條腿掛在之前掛在對手脖子上那條腿的腳踝處，形成三角絞。隨後雙腿用力收緊，雙手可以向內壓迫對手後腦，完成降服。

2・三角絞 ①

2・三角絞 ②

3. 木村鎖

木村鎖是當年木村政彥（日本柔道家，1917~1933年，被譽為史上最強柔道家）打敗里奧•格雷西（Helio Gracie，1913~2009年，著名混合武術格鬥家，柔道六段，巴西柔術代表）的傳奇招式，目前已經成為巴西柔術和綜合格鬥中的代表鎖技之一。

使用時一手抓住對手的一隻手臂，另一隻手繞過其被控制手臂後抓住自己前一隻手的手腕，兩臂對對手的一隻手臂形成合力，進行固定，然後施展反關節動作，如果對手不認輸，手臂就會有脫臼的危險，此技法充分利用槓桿原理，在地面的上、下位甚至是站立時均可使用。

木村鎖動作解析如下：

(1) 木村鎖一般在下位封閉式防守中使用，先牽拉對手使其失去重心，雙手撐地。

(2) 然後打開自己的雙腿放在地面上，一隻手抓住對手同側手腕，然後起身用另一隻手穿過對手大臂後側抓住自己的手腕，形成木村鎖。注意要用腋下夾緊對方的大臂，越靠近肩膀越好。

(3) 身體略微旋轉將小腿搭在對手背上以防止其前滾翻逃脫，同時向上用力反關節旋轉對手的手臂完成降服。

3・木村鎖①

3・木村鎖②

4. 鎖腿技術

鎖腿是綜合格鬥的關鍵點。使用該動作，可以分離對手的腿，並向腳踝或者膝蓋施壓，也可以對腳趾施壓，但這在許多綜合格鬥比賽中是禁止的，因爲在綜合格鬥中，對身體小關節的操縱是不允許的。

（1）直腿鎖

兩腿夾緊，控制住對手的腿部，外側腳控制住對手的胯部，使其不能起身逃脫。

柔術有道服，規則是控制的腳部不能過中線，無道服和綜合格鬥則沒有這個規則。雙手搭扣控制對手的腳踝，倒地後挺胸夾肘挺跨，迫使對手拍地認輸。

4・鎖腿技術 (1)直腿鎖 ①

4・鎖腿技術 (1)直腿鎖 ②

（2）足跟勾

實施足跟勾時，對手的腿不能是直的，大腿和小腿必須要有一定的角度，然後雙腳形成一個三角絞。

做足跟勾動作時，要主動去抓對手的腳，利用的是膝蓋部分只能前後移動而不能左右移動的原理。

此技術非常危險，一不小心就很容易給對手造成毀滅性傷害，很多武館在實戰中都禁止使用此類技術。

4 · 鎖腿技術 (2)足跟勾

7

champion

實戰復盤

實戰復盤

1. 提膝防守

　　提膝防守用於防禦對手下段掃踢的進攻。在傳統泰拳技術中提膝防守一般是小腿垂直於地面，在防禦別人踢擊的時候也會碰到自己的脛骨。

　　這裡給大家介紹的提膝防守是用膝蓋防守對手的下段掃踢，與傳統的提膝防守相比，這種新型的防守在給對手造成更大破壞力的同時，能更好地保護自己的腿部。

　　做這個動作時，重心坐在後腿上，只需要前腿提膝，將自己的腳後跟往後踢，同時讓膝蓋朝向外側打開，封住對手踢來的路線即可。

　　注意：如果提膝的腿不向外側打開，則很容易被對手的掃踢帶跑自己的重心。

1・提膝防守②

2. 側位壓制

側位壓制是把對手摔倒之後，在其身體側面所做的壓制技術。

在側位壓制時，注意讓靠近對手腿部一側的手臂一定要靠近對手腋下，這樣就能更好地控制對手的身體。同時，我們的膝蓋要控制對手的另一隻手，讓其不能繞過我們的身體。

在側位壓制時，一定不要讓對手抄到你的腋下，否則很容易被對手翻過去，從而被拿到後背。

2・側位壓制①

2・側位壓制②

3. 斷頭台

斷頭台是綜合格鬥比賽中常見的一種技術，也是非常克制摔跤選手的技術。

當對手雙抱腿的時候，他的頭部一定是略微前傾並缺乏保護的，這個時候是發動斷頭台的最佳時機。我們順勢抄住對手的脖子，手臂貼緊的同時向下滑，讓肘尖和對手的下巴指向同一個方向，雙手握緊，然後身體上提，對對手的頸部施加壓迫以降服對手。

我們也可以在站立斷頭台形成的時候跳到對手身上，雙腿從對手腰側跨過，在對手身後搭扣，用自己的重力拖倒對手，形成更有威脅性的地面斷頭台。

4. 踢小腿

可能大家在印象中不經常見到踢小腿這個動作，但是現在很多國際組織都在訓練這項技術。

在傳統比賽中，我們的掃踢都是攻擊對手的大腿，現在教給大家一種新的掃踢方式——踢小腿。

踢小腿可以快速地讓對手失去重心，以便下一步進攻。由於平時訓練時不常見這個動作，受擊時的疼痛感也會更明顯，對手防禦和接腿的難度也將成倍增加。

踢小腿同樣用到下段掃踢技術，斜上步，轉胯，掃踢。這個技術的獨特在於掃踢進攻的角度要瞄準對手小腿的側後方，能更好地破壞重心，並讓對手腿部受痛，影響其後續的步法移動。

4・踢小腿②

4・踢小腿③

4・踢小腿④

5. 裸絞

裸絞是我們拿到對手後背體位之後所進行的降服動作。

首先用一隻手臂纏住對手脖子，讓肘尖和對手下巴處於同一條線上，這樣可以更高效地壓迫對手的頸動脈。

纏住對手的手搭在另一隻手臂的肱二頭肌上，另一隻手臂的小臂後折，墊在對手頸部形成一個完整的三角結構，此時雙臂發力收緊，身體後仰完成裸絞降服。

注意：在對手身前的腳不要搭扣，不然會被對手鎖腿。

6. 迎擊拳

迎擊拳的重點在於自己的手一定要用好，如果對手

用左右直拳來進攻，我們的第一個動作是用前手把對手的刺拳拍擋到下面，接下來對手有可能會習慣性地送出後手拳，這時我們自己的身體側向移動，斜前方上一步，打出後手拳攻擊對手的面部。

6・迎擊拳 ①

6・迎擊拳 ②

6・迎擊拳 ③

6・迎擊拳 ④

核心訓練方法

核心訓練方法

一、TRX 帶手支撐

二、TRX 帶手支撐收腹

三、側板支撐

四、平板支撐

五、藥球俄式轉體

六、藥球偏重俯地挺身

七、藥球下砸

八、藥球兩頭起

我們都知道核心訓練在綜合格鬥中極為重要，但是重要在哪裡可能很多人並不知道，而我們希望閱讀本書的讀者可在訓練中明確自己的核心訓練在做什麼。

　　核心訓練分為狹義核心訓練和廣義核心訓練兩種，我們常說的腰腹部分的訓練往往指的是狹義核心訓練，而廣義核心訓練則是指自雙肩至兩髖整個軀幹部分的訓練。

　　為什麼本書要強調這個概念呢？

　　大家都瞭解格鬥的重點不是手臂的力量，而是全身力量的傳導和步伐重心的移動。那麼腰腹部分在此作用就不是很大了，因為腰腹部分的力量相對於全身力量及身體位移所需的力量來說是有限的。

　　而廣義核心訓練，即整個軀幹的訓練。軀幹作為腿部和手臂的串聯部分，能更好地傳遞下肢力量到手臂和拳頭上，在格鬥中的意義明顯更大。

　　那麼，為了更好地傳遞能量，不使之流逝，軀幹部分的穩定性就至關重要，舉個例子，以麻繩和木棍去推動物體，明顯木棍能更好地傳遞這個推力。

　　在本書中出現的幾個動作都有助於提高核心部分的穩定性，以及核心部分本身的承受能力。

一、TRX 帶手支撐

　　TRX 帶是最早出現於美國軍方的一款懸掛設備，主要結構是一端固定，垂下的另一端有兩個把手的懸掛帶。

【動作細節】

　　在這個動作中，我們需要調整 TRX 帶的高度，使把手距離地面的高度大概是自己手臂的長度。用我們的雙腳腳踝穿入 TRX 帶把手，俯身，雙手握拳支撐。

【動作重點】

在支撐過程中，小腹收緊，夾緊臀部，使身體穩定，不隨 TRX 帶晃動，身體從後腦到腳後跟成一條線，雙手有意識地朝下用力，使肩胛骨貼緊在胸廓上。

這個動作起初可做 15 秒，逐步上加，每組訓練中做該動作 1~3 分鐘比較合適。

【動作目的】

該動作因爲使用了懸掛設備，其不穩定因素可以訓練我們軀幹的穩定性、肩膀的支撐性和手腕的承受力，對於提高身體素質有很大幫助。

二、TRX 帶手支撐收腹

在我們可以很好地完成 TRX 帶手支撐後，我們可以做 TRX 帶手支撐收腹這個動作，提升難度。

【動作細節】

首先保持 TRX 帶手支撐的姿態，屈膝曲髖收腹，讓膝蓋靠近自己身體，然後恢復 TRX 帶手支撐的姿態，動作全程保持穩定，不要有多餘晃動。

【動作重點】

保持身體姿態的穩定是這個動作的基礎和前提，在收腹過程中，使腹部主動用力，身體儘可能緊；展開恢復支撐姿態不要使腰椎反弓，以免腰部受傷；肩胛骨時刻保持中立位，即貼在胸廓的位置；頭部保持生理曲度，不要低頭，也不要過於抬頭。

【訓練目的】

在我們具有了很好的靜態穩定性後，我們希望在動態時也能穩定身體，並且要有一個有力的腹部來產生力量。

TRX 帶手支撐收腹這個動作的訓練就是讓我們在動態中求穩定，在不穩定時依舊能讓腹部用力。

三、側板支撐

人們一提到核心訓練就能想到平板支撐，而側板支撐很多人卻並不是很瞭解，但不可否認，這個動作也是腹部靜力訓練中的黃金動作。

【動作細節】

側臥，一側手臂屈肘支撐，另一側手臂指向天花板，身體緊繃，讓接觸地面的那一側腰部和臀部離開地面，完成動作時身體側立，只有一側手肘和同側的腳外側接觸地面。

【動作重點】

這個動作因爲是單側支撐，所以對肩關節支撐能力有所要求。在開始這個動作的練習時，肩關節保持支撐力推起身體，同時收緊接近地面一側的腹部肌群，感受肌肉收緊頂起軀幹的發力模式。初次練習以動作標準爲主，不要過於追求堅持時間。

【訓練目的】

我們已經明白了軀幹穩定對力量傳導的重要性，所以側板支撐這個動作也是爲了強化身體的穩定性而進行的訓練，它的主要作用是讓脊柱有較強的抗側彎能力。

在綜合格鬥比賽中，你的對手會想方設法讓你的身體重心不受你的控制，從而摔倒你，進而降服你，而脊柱的力量則可以讓你在這個時候更能穩住自己的身體，創造破壞對手攻擊意圖的機會。

四、平板支撐

平板支撐是大家都知道的核心訓練，因爲它經典有效，所以廣爲流傳。

【動作細節】
俯臥，雙手屈肘支撐地面，頭部保持中立位，收緊腹部，收緊臀部，使身體從頭到腳成一條線。

【動作重點】
肩關節有意識支撐，腹部收緊。起初有腹部用力的感覺，可以有意識地使腰椎向上，收緊臀部使骨盆後傾，同時保持呼氣時有意識收回小腹，這樣能主動感受到腹橫

肌用力。

注意：一定不可使腰椎反弓朝地面塌下。要知道，錯誤的平板支撐練習又有「腰椎粉碎者」的稱號。

【動作目的】

平板支撐作為一個靜力訓練，同樣具備強化脊柱保持直立的能力，但它還有一個不可忽視的作用，就是幫助我們訓練腹橫肌，從而強化腹壓。

五、藥球俄式轉體

在藥球俄式轉體動作中我們要使用一個新的小工具，名字叫藥球。藥球的種類有很多，我們使用的是軟式藥球，藥球的重量根據自身能力選擇。

【動作細節】

直角坐，雙手抱住藥球，雙腿伸直，身體略微後仰，感覺腹部肌肉用力拉住軀幹，抱住藥球旋轉脊柱，使藥球觸碰體側地面，左右交替加速，如果感覺比較輕鬆，可以使腳略微抬起離開地面，完成這個動作。

【動作重點】

利用腹部內外斜肌收縮去帶動身體左右轉體，而不是肩膀。全程腹部肌肉保持張力，不可用腰椎承擔過多壓力，以免腰椎受損。

【動作目的】

這種動作強化的是脊柱在有負載的情況下進行左右旋轉的能力。

在綜合格鬥訓練中，大多數摔投技術都要使用脊柱旋轉的能力，核心訓練使我們不僅具備對抗外力的能力，還具備從核心產生力量的能力。

六、藥球偏重俯地挺身

俯地挺身不光是一個強化胸肌的動作，更是一個涵蓋上肢所有推肌的動作。隨著俯地挺身的訓練，我們逐漸感覺訓練強度變低，接下來分享給大家的動作是俯地挺身的進階動作。

【動作細節】

使一邊手掌在藥球上完成一個俯地挺身預備姿勢，向下時吸氣，使身體保持穩定的同時，重心向地面側手臂移動，推起時呼氣，還原俯地挺身準備姿勢。

【動作重點】

重心移動使地面側手臂承擔更多體重，用以強化單側的訓練強度，但是一定要注意身體的穩定，不可使身體過於扭曲旋轉，一側完成規定訓練量後，則開始訓練另一側，不可過多訓練單側，這會導致肌肉力量不平衡。

【動作目的】

由於俯地挺身是一種自重訓練，所以負載在一定程度上是恆定的，爲了加大強度，這種偏重的俯地挺身能讓更多的體重去負載在一側手臂上；其次由於藥球是圓的，相對於地面是一個不穩定的支撐物，所以更能激活我們身體的平衡穩定機能。

七、藥球下砸

藥球下砸是一個爆發力訓練，連續的爆發對心肺循環有一定的要求。

【動作細節】

身體呈站立位，雙腳開立與肩同寬，屈膝曲髖微微下蹲，雙手抱住藥球。

開始訓練時，先踮起腳尖，伸膝伸髖，完成下肢三關節伸展，使力量傳導至手，把藥球高舉過頭，在藥球到

頭頂時瞬間下蹲，完成下肢三關節彎屈，雙手用力向下，把藥球砸向地面，等藥球回彈，用雙手接住，恢復起始位準備。

【動作重點】

注重單次下砸的連貫性和身體的穩定性，更好地訓練身體從下肢到上肢力量的傳導，不可以過於盲目地完成下砸次數，每次都要用最大的力量去完成下砸。

【動作目的】

所有的爆發力訓練都是爲了加強我們的力量，而高效地傳導力量就是加強力量的最佳捷徑，讓你能百分之百發揮出你擁有的力量，使其在傳導過程中不被浪費。

八、藥球兩頭起

【動作細節】

仰臥位，平躺，雙手舉起藥球，腹部用力，使肩胛骨離開地面，同時抬起腳，讓身體從兩端向中間折疊，藥球靠近腳背。完成後復位，恢復平躺舉起藥球的姿態，然後繼續重復之前的動作。

【動作重點】

身體兩端折疊時充分擠壓腹肌，使腰部貼住地面，還原時保持腹部張力，腰部不可離開地面，以免腰椎承受過大的壓力。

【動作目的】

該動作不僅可以訓練腹部的肌肉，還能幫助我們練出漂亮的腹肌，更重要的是，這是一個強化脊柱在有負載情況下完成屈體功能的動作，在摔投專項技巧裡，這個功能會多次使用。

結語

champion

　　2018 年12 月7 日，我應邀在安徽省界首市體育館觀看了一場振華英雄首屆國際格鬥（慈善）聯賽，現場感受了來自美國、俄羅斯、日本等國家的搏擊高手和中國搏擊悍將之間的激烈對決，有幸認識了李景亮、方便等搏擊明星，同時也有幸認識了振華英雄搏擊欄目創始人劉振華先生。因爲劉振華先生的緣故，我有幸讀到了再現中國格鬥界「東北虎」王冠成長之路的書稿——《冠軍之路——從入門到高手綜合格鬥教程》，本書編者邀請我寫結語，我非常樂意爲之！

　　格鬥的意義在於永不放棄，拼搏是人類最重要的精神之一，中華民族的血液裡流淌著崇文尚武的基因。今天，綜合格鬥已經走進了中國，走到了我們身邊。

　　格鬥賽看的是智慧，怎麼分析對手，是頭腦指揮身體執行的智力搏殺，是一個國家的訓練水準、營養學水準和團隊的戰術佈置、選手執行和臨場應變，甚至賽前的心理戰等因素綜合起作用的，遠不是兩個糙漢互掄拳頭打一臉血那麼簡單。每一個熱血男兒的心裡都有一個英雄夢。復興的中國，也擁有了能在全球頂級MMA 八角台上格鬥的中國冠軍。

　　本書的主人公王冠就是一位充滿正能量的格鬥冠軍。少年時代的王冠，憧憬著成爲李小龍那樣爲國爭光的英雄，懷揣武術夢想，從家鄉遼寧到內蒙古集訓，到西安冬訓，到武林風格鬥場，直到簽約UFC。一路走來，訓練是辛苦的，收穫是豐碩的！

　　王冠創造了用 23 秒 KO 日本對手原田雄紘、第一個

回合以斷頭台降服俄羅斯悍將魯斯蘭•伊斯拉費洛夫、打敗美國名將「皇家李小龍」亞利克斯•卡薩雷斯等輝煌戰績。王冠向世界展示了中國功夫、中國力量！青少年讀者以充滿陽剛之氣的王冠為榜樣絕對比以那些缺乏男子氣概的「小鮮肉」為榜樣強！時下的年輕人，需要陽剛之氣！

　　本書是普及綜合格鬥的好教材。王冠在本書第一章「我的路」中，介紹了他的奮鬥歷程，足以對青少年讀者起到勵志作用。

　　本書接下來介紹了綜合格鬥的好處：強身健體、自我防衛、遵循規則、激發競爭和建立信心，同時還學會必要時如何保護自己，如何塑造運動員精神，如何收穫同行的友情，如何釋放自身的壓力，體驗不一樣的人生。

　　同時，還介紹了綜合格鬥中的技術流派：巴西柔術、桑搏、古典式摔跤、拳擊、空手道、泰拳，並結合了他多年的經驗和體會，以圖文並茂的形式介紹了綜合格鬥的各種技術和訓練方法。

　　本書的出版對推進傳統武術與現代格鬥的融合具有積極的現實意義。並不是所有的格鬥高手都能將自己的經驗和心得系統地編印成書，這是王冠的難能可貴之處。

　　從過往履歷上看，王冠算得上是科班出身，從傳統武術轉到散打，拿到遼寧省散打冠軍後，順利轉入西安體育學院，又連得兩年國內泰拳錦標賽的冠軍。王冠本身就是將傳統武術與現代格鬥融合的成功典範。讀到本書的讀者，肯定會受益良多。

　　我期盼透過本書讀者能啟迪思維、改革創新，致力

於探索和尋找一條屬於中國自己的、有特色的、適合武術
搏擊國際化的推廣道路。將中華傳統武術與現代綜合格鬥
融合，夯實群眾基礎，培養出更多既有深厚的傳統武術功
底，又兼具扎實的格鬥基本功的中國英雄!我更期盼，中
國武術早日傲視群雄!

　　《冠軍之路——從入門到高手綜合格鬥教程》，值得
一讀!

江蘇國納集團 董事長

劉偉平

2019 年 1 月 17 日

特別鳴謝

此書特別感謝鬼丸先生的精美插圖，
來自北京（Alliance）阿里教練的柔術指導，
還有榮俊龍先生的動作配合。
特別感謝寶明商貿董事長陳剛和界首市政協常委、
台聯會會長許飛的大力支持。

冠軍之路：從入門到高手 綜合格鬥教程

主　　編｜ 王　冠　張　碩
副 主 編｜ 王森馳　曾澤坤　聶　江　榮俊龍
責任編輯｜ 祁玉芹

發 行 人｜ 蔡森明
出 版 者｜ 大展出版社有限公司
社　　址｜ 台北市北投區(石牌)致遠一路 2 段 12 巷 1 號
電　　話｜（02）28236031・28236033・28233123
傳　　真｜（02）28272069
郵政劃撥｜ 01669551
網　　址｜ www.dah-jaan.com.tw
電子郵件｜ service@dah-jaan.com.tw
登 記 證｜ 局版臺業字第 2171 號
承 印 者｜ 龍岡數位文化有限公司
裝　　訂｜ 佳昇興業有限公司
排 版 者｜ ERIC 視覺設計
授 權 者｜ 電子工業出版社
初版 1 刷｜ 2024 年 1 月

定　　價｜ 350 元

國家圖書館出版品預行編目資料

冠軍之路：從入門到高手　綜合格鬥教程
／王冠、張碩主編
——初版——臺北市，大展出版社有限公司，2024.01
　　面；21 公分——（格鬥術；11）
ISBN 978-986-346-444-0（平裝）
1.CST：武術
528.97
112020883